La cigogne de Noël

texte et illustrations
Jeanne B. de Sainte Marie

EDITIONS DU BASTBERG

Les cigognes se sont rassemblées dans le champ, prêtes à s'envoler vers les pays chauds pour y passer l'hiver. Toutes sauf une : le jeune Cigogneau lui, se tient à l'écart. Il a tellement entendu parler de la neige par les enfants du village, que maintenant, il veut rester pour voir.

– Mais tu auras froid ! lui dit son ami Bec-Rouge.
– Et faim aussi ! ajoute Long-Bec.
– Ne vous en faites pas pour moi ! répond Cigogneau.
– Mais si, justement, on s'inquiète pour toi, dit Bec-Rouge, tu es tellement imprudent !
– Et têtu aussi !

Un immense battement d'ailes et bientôt les cigognes ne sont plus que des points noirs à l'horizon.

Les jours deviennent plus froids. Les feuilles des arbres virent au brun et tombent sur le sol. Chaque jour, Cigogneau se réveille en frissonnant et regarde les champs déserts.

Un matin, le réveil est particulièrement difficile, Cigogneau s'envole à grand peine vers l'étang. Il a faim. Mais au lieu de l'eau habituelle, c'est de la glace qui se présente sous ses pattes. Il dérape et tombe. Il a du mal à se tenir debout. Il se sent raide jusqu'au bout des plumes. Soudain, Cigogneau aperçoit un trou au pied d'un bouquet de roseaux. Il bat des ailes dans sa direction, glisse de nouveau, étend les ailes pour rétablir son équilibre : il skie !

Il allonge le cou et aperçoit un petit poisson argenté. Mais, PLOUF ! une gerbe d'eau l'aveugle avant qu'il ne l'attrape. C'est un martin-pêcheur qui a happé le poisson et l'emporte dans un arbre pour l'avaler à son aise.

– Il était à moi ! s'écrie Cigogneau.

– Mmm, répond Martin-Pêcheur, je vous croyais toutes parties, vous les cigognes.

– Pas moi, dit Cigogneau.

– Dommage. La nourriture va se faire bientôt rare dans le coin. L'hiver dernier, je suis presque mort de faim.

Martin-Pêcheur s'envole.

Le ventre toujours vide, Cigogneau s'enfonce dans les bois. Mais la terre y est également gelée et il ne trouve rien à manger. Perché sur un arbre, il inspecte désespérément les alentours quand approche un renard. Cigogneau l'observe tout en gardant ses distances.

– Ça n'a pas l'air d'aller, toi ! lui dit Renard.

– J'ai horriblement froid et cela fait plusieurs jours que je n'ai pas mangé.

– Tu devrais te laisser pousser un manteau d'hiver comme moi, conseille Renard

– Je ne pense pas que ce soit possible pour les cigognes, répond tristement Cigogneau.

– Aujourd'hui c'est le jour de marché, là-bas au village, dit Renard, tu y trouveras des habits et de la nourriture.

Le marché se termine déjà. Cigogneau aperçoit un vieux bonnet, une écharpe et un gant, abandonnés dans un coin. Il s'en empare. Puis il repère un poisson dans un cageot. Il referme son bec dessus. Mais le poissonnier et son fils se précipitent vers lui en hurlant. Paniqué, Cigogneau lâche le poisson et se sauve à travers les étals des marchands, renversant tout sur son passage. D'autres personnes se mettent à crier et se joignent à la poursuite. Arrivé sur la place, Cigogneau se réfugie au sommet de la fontaine.

La foule l'encercle et le jeune poissonnier s'avance.
– Que fait cette cigogne ici en cette saison ? dit la marchande de fleurs.
– Oui, c'est presque Noël ! Elle aurait dû partir avec les autres, s'exclame le boucher.
– Ce ne serait pas bien de la laisser mourir de faim. Tiens, cigogne.
Le garçon lui tend un autre poisson.
Inquiet, Cigogneau le regarde sans oser bouger.
– Tu as raison, mon fils, dit le marchand de poisson, nourrissons-la cet hiver. Ensuite, elle pourra s'en sortir toute seule au retour des beaux jours.
La foule murmure son approbation. Rassuré, Cigogneau descend pour dévorer le poisson.

Cigogneau prend l'habitude de venir se nourrir au village. Il souffre moins du froid maintenant qu'il peut manger à sa faim.
Un jour, des guirlandes, des rubans rouges et des cloches font leur apparition sur les devantures des boutiques. Le fils du poissonnier annonce à Cigogneau :
– Demain, c'est le marché de Noël.

Le lendemain, Cigogneau découvre une multitude de sapins sur la place du marché. Dans de petits chalets, on vend des cheveux d'ange, des décorations en verre, des bougies et des jouets en bois.
De délicieuses odeurs de gaufres et de pain d'épices parfument l'air.
Les enfants n'ont pas école. Désignant les jouets et les bonbons du doigt, ils supplient leurs parents de leur en acheter.
Cigogneau est un peu triste. Toute cette atmosphère de fête lui rappelle Bec-Rouge, Long-Bec et les autres. Quel plaisir ils avaient à faire les fous dans le ciel tous ensemble ! Que peuvent-ils faire en ce moment ?

Juché sur un toit, il aperçoit un homme mystérieux avec une longue barbe blanche qui lui fait signe. Cigogneau se porte à sa rencontre d'un petit coup d'aile. L'homme sourit et caresse doucement la tête de Cigogneau. Son regard est profond et apaisant.

– J'ai beaucoup entendu parler de toi, dit l'homme. Dans trois jours, ce sera Noël et je dois apporter des cadeaux à tous les enfants.
Voudrais-tu m'aider, petite cigogne ?
Cigogneau hoche la tête pour dire oui.
– Tu devras survoler la route qui mène aux montagnes. Tu voleras longtemps vers le nord jusqu'à un énorme rocher de grès rouge ressemblant à un ours. Ma cabane est dans la clairière juste à côté.

Le troisième jour, Cigogneau s'éveille en sentant quelque chose de froid et d'humide sur ses plumes et sur son bec. Il voit la neige descendre en dansant vers le sol. Il s'envole à travers les flocons, le cœur battant. Tout est recouvert d'un immense manteau blanc. Il règne un silence étrange.
Arrivé au-dessus des coteaux, il entend des voix claires et rieuses, légères comme des clochettes. Il reconnaît les enfants du village tirant leurs luges jusqu'au plus haut sommet, puis dévalant la pente. Le fils du poissonnier est là. Levant les yeux vers Cigogneau, il lui crie :
– Regarde, je vole moi aussi !

Cigogneau plonge pour venir voler à ses côtés. Puis il s'élève au-dessus des bois, laissant les coteaux et l'étang derrière lui. Il survole la montagne, vole des heures durant vers le nord.

La nuit est tombée, le ciel est saupoudré d'étoiles quand il arrive au-dessus du village. Des lumières brillent à toutes les fenêtres. Il est étonné de voir l'homme déjà là, près de la fontaine. Les familles se sont rassemblées autour de lui. En voyant Cigogneau, les enfants s'écrient :
– C'est la Cigogne de Noël ! La Cigogne de Noël !

Il descend avec son grand sac et le dépose aux pieds de l'homme. Puis il redécolle, bat des ailes d'allégresse et fait de grands cercles autour de la place du village. Les enfants l'acclament. Jamais
Cigogneau n'a ressenti une telle joie.

Les hivers suivants, Cigogneau décida de partir vers le sud avec les autres. Dans la tiédeur du crépuscule africain, Bec-Rouge, Long-Bec et leurs enfants se rassemblaient autour de lui pour écouter cette incroyable histoire de neige.

Et aujourd'hui encore, le fils du poissonnier, devenu un homme, raconte à ses enfants cette merveilleuse histoire de la cigogne de Noël.

EDITIONS DU BASTBERG

DEUXIÈME ÉDITION
Achevé d'imprimer en octobre 2008
Dépôt légal : octobre 2008
ISBN 2-913990-42-8